欢迎你打开《幸福人生剧本重建手册》，开始重建幸福人生的练习：

幸福是习得之事，自幼你习得了很多人生模式，比如坚强、隐忍、察言观色、负重前行、忙碌奔波等等，也习得了很多关系中的情感模式，比如冷漠、指责、抱怨、受伤、逃避、痛苦……

有没有想过，幸福的模式也需要练习，比如爱和欣赏自己、拥抱世界、平等的沟通、关系中的支持力和理解力、感受生命的意义……

开始练习吧，练习的重要性超过所有的高谈阔论，练习是从知道到做到的必经之路，就像是去旅行，读书就好像拥有了旅行计划，而练习是收拾好行囊走出家门踏上旅程的第一步。

目 录

CATALOG

练习一　关于“我”的人生故事

请用第三人称，分别——

1. 写下自己“不被爱”的故事

2. 写下自己“不爱自己”的故事

3. 写下自己“不去爱”的故事

练习二 重新定义你的人生故事

请用第三人称，分别重新讲述下面三个故事：

1. 假如“不被爱”的故事是人生的训练和礼物，这个故事希望给予主人的是什么呢？

2. 假如“不爱自己”的故事结束，会有一个怎样的“自爱”计划呢？

3. 假如“不去爱”的故事是无意识的选择，那么，该如何重新开始“去爱”呢？

心灵札记

练习三　诊断你的人生坐标

如果用如下词语来形容现在的自己，你会选择哪几个？

自信的	乐观的	谦卑的	感恩的	负责任的
富有战斗力的	爱炫耀的	能够坚持的	有优越感的	对事情投入的
自卑的	抑郁的	有自残倾向的	空虚的	绝望的
自负的	懒惰的	逃避的	退缩的	敏感的

如果你选择第一行的词语居多，那么你基本上处在正正象限，

是创造者。

如果你选择第二行的词语居多，那么你基本上处在负正象限，

是证明者。

如果你选择第三行的词语居多，那么你基本上处在负负象限，

是受害者。

如果你选择第四行的词语居多，那么你基本上处在正负象限，

是拖延者。

进一步自我诊断：除了以上词语，你还能想到形容自己的词语有哪些？

练习四　追溯关于过往的记忆

结合问题，回顾你的过往，写下关于问题的答案：

1. 关于父母，你能想到的印象最深刻的事情是什么？

2. 关于祖父、祖母，你能想到的印象最深刻的事情是什么？

3. 关于外祖父、外祖母，你能想到的印象最深刻的事情是什么？

4. 除以上外，关于父系家族，你能想到的印象最深刻的人和事是什么？

5. 除以上外，关于母系家族，你能想到的印象最深刻的人和事是什么？

6. 当遭遇失败的时候，你的脑海中最先出现的声音是什么？

7. 关于你的过去，你能想到的印象最深刻的人和事是什么？

8. 从以上的人、事和过去中，你所得到的礼物有哪些？尽可能多地去探索，以发现更多的礼物。

练习五　我的角色和我的真实自我

思考一下，你的哪一种身份 / 角色，最能代表真实的你？

1. 作为孩子的我，是什么样子的？

2. 作为学生 / 下属的我，是什么样子的？

3. 作为爱人的我，是什么样子的？

4. 作为顾客 / 客户的我，是什么样子的？

5. 作为领导 / 管理者的我，是什么样子的？

6. 作为父亲 / 母亲的我，是什么样子的？

心灵札记

接下来思考，以上这些身份，哪一个中的你所呈现出的状态跟真实自我最相近？

如果以上角色都与真实自我不符，思考一下，真实的自我是什么样子的？

1. 我是

2. 我是

3. 我是

比如，我是热情的 / 潇洒的 / 热爱独处的 / 有目标的 / 善良的……你最核心的特质是什么？

练习六　你的心理空间维度实况

请仔细思考如下问题，并分别写下自己的答案。

1. 在“去爱”这项生命任务上，你有怎样的故事？

2. 在“事业”这项生命任务上，你有怎样的故事？

3. 在“自我实现”这项生命任务上，你有怎样的故事？

练习七　我是谁？

请静下心来，让自己置身于心灵空间思考如下问题，并写下你可以说服自己的理由。

在心灵空间，我是行动者 / 创造者？

□是　□不是

理由：

在心灵空间，我是拯救者吗?

□是　□不是

理由:

在心灵空间，我是承担者吗？

□是　□不是

理由：

在心灵空间，我是受害者吗？

□是　□不是

理由：

在心灵空间，我是心灵流浪者吗?

□是　□不是

理由:

练习八　你最渴望的是什么?

在愉悦感上:

1. 你和自我的关系怎样?

2. 你和情绪的关系怎样?

3. 你和健康的关系怎样？

在成就感上：

1. 你和事业的关系怎样？

2. 你和财富的关系怎样?

在幸福感上:

1. 你的亲子关系怎样?

2. 你的亲密关系怎样？

心灵札记

练习九　你的亲密关系是滋养型的吗？

每个人都有属于自己的亲密关系，那么你的亲密关系是滋养型的，还是损伤型的呢？思考如下 6 个问题，结合自身情况写下关于你自己的故事。

1. 你在亲密关系中能感受到归属感吗？为什么？

2. 你觉得对方在你们的关系中能感受到归属感吗？为什么？

3. 你觉得你在亲密关系中能感受到平衡感吗？为什么？

4. 你觉得对方在你们的关系中能感受到平衡感吗？为什么？

5. 在家庭角色上，你主要负责家庭内还是家庭外的工作？为什么？

6. 在家庭角色上，你的爱人主要负责家庭内还是家庭外的工作？为什么？

7. 如果你们可以既是爱人又是朋友，既是伙伴又是亲人，该如何彼此分享，共同成长呢？

练习十　你的亲子关系是健康的吗？

你是否已经为人父 / 母？如果为人父 / 母，请回忆自己跟孩子的关系状况，思考如下问题；如果还未成婚育人，请回忆自己跟父母的关系状况，思考如下问题：

1. 你足够爱你的孩子吗？当你在思考这个问题时，还想到了哪些故事？
（你的父母足够爱你吗？当你在思考这个问题时，还想到了哪些故事？）

2. 你的孩子足够尊重你吗？当你在思考这个问题时，还想到了哪些故事？

（你足够尊重你的父母吗？当你在思考这个问题时，还想到了哪些故事？）

3. 你在孩子面前拥有绝对权威吗？当你在思考这个问题时，还想到了哪些故事？

（你的父母在你面前拥有绝对权威吗？当你在思考这个问题时，还想到了哪些故事？）

4. 你可以让孩子安全依靠吗？当你在思考这个问题时，还想到了哪些故事？

（你的父母可以让你安全依靠吗？当你在思考这个问题时，还想到了哪些故事？）

5. 你可以支持孩子独立思考、独立生活、独立应对他自己的人生吗？

练习十一　家族往事

通过请教自己的父亲、母亲，或者祖父、祖母、外祖父、外祖母，或者父辈、母辈中的其他长辈，写下你的家族故事。

1. 你的家族中有哪些人没有机会来到这个世界？

2. 关于以上这些人，他们有怎样的故事？

3. 你的家族中有哪些人来过人世间又离开了？

4. 关于以上这些人，他们有怎样的故事？

5. 你的家族中，发生过哪些重要的事？

6. 在你的家庭、生命系统中，你获得了哪些生命礼物？

练习十二　你的工作、职业和事业

亲爱的你，请做做如下关于工作、职业和事业的自我调研吧！

姓名：

年龄：

性别：

学历：

专业：

目前工作：

目前职位：

曾经工作：

曾经职位：

理想工作：

理想职位：

心灵札记

练习十三　找寻你的事业

找一个安静的时间，思考如下问题：

1. 写下让你能够热情投入的事情。

2. 写下让你能够热情投入，且利己利他的事情。

3. 写下让你能够热情投入、利己利他又可以让自己感受到有意义和满足的事情。

心灵札记

练习十四　你的财富问题出在哪里？

现在的你或许腰缠万贯，或许小富即安，拥有或满足或不满足的财富积累。现在，对你的财富进行渠道分解，找出你财富的来源。

1. 你的现有财富，有多少来自自己的事业？

2. 你的现有财富，有多少是来自这个世界额外奖赏你的贡献和意义之财？

3. 你的现有财富，有多少跟家族有关？

4. 你的现有财富，跟你的智慧和能力有多大关系？

假如你的财富总值是 100 分，现在给以上每个问题一个相应分值。得分最高者，就是你财富的最大来源。思考一下，你可以如何为自己的生命财富增值？

心灵札记

练习十五　你和你的母亲

回忆一下你和母亲之间的故事，回答如下问题：

1. 你跟母亲的关系如何？

2. 写下一件你印象中关于母亲的事。

3. 用三句话来评价一下你母亲。

4. 当你难过时，你会告诉母亲吗？原因是什么？

5. 当你快乐时，你会告诉母亲吗？原因是什么？

6. 在做重大决策，比如报考学校、恋爱时，你会征求母亲的意见吗？原因是什么？

7. 用三句话来描述你觉得母亲对你的评价。

8. 想象自己感恩母亲，自己是整个世界的孩子。描述一下想象后的感受。

练习十六　你具有攻击型人格吗？

关于指责

1. 当有不好的事情发生时，你习惯于指责、怪罪他人吗？

2. 当有不好的事情发生时，你习惯于指责、怪罪自己吗？

关于冷漠

1. 当有冲突或矛盾发生时，你会选择回避、沉默吗？

2. 当有冲突或矛盾发生时，你会主动去调解、缓和吗？

关于控制

1. 关系中，你是强势、权威的一方吗？

2. 在关系中，你喜欢教导、指导对方吗？

关于讨好

1. 在关系中，你会尽量去迁就他人吗？

2. 在关系中，你是否特别在意他人的情绪？

如果这些问题的答案有 6 个以上的回答都是“是”，那么你需要考虑下自我改变了，因为此时的你很可能具有攻击型人格。

练习十七　你具有支持型人格吗？

关于共情

1. 当有不好的事情发生时，你习惯于安慰、理解他人吗？

2. 当有不好的事情发生时，你习惯于安慰、理解自己吗？

关于主动性

1. 当有冲突或矛盾发生时，你会选择主动调和吗？

关于联结

1. 在关系中，你能平等尊重自己和对方吗？

2. 在关系中，你能允许他人表达自己的意见吗？

关于界限

1. 在自我需要和他人需要面前，你可以先己后人吗？

2. 当你获得了一些成就时，你可以给自己赞美和肯定吗？

如果这些问题的答案有 6 个以上的回答都是“是”，你很可能拥有支持型的人格，可以带给自己和身边人积极的正能量。

✎ 练习十八　表达情绪能力练习

当你感觉自己有情绪发生时，请按照如下步骤写下你的真实感受，这可以帮助你学会正确表达真实的情绪。

感受：

我现在感到

我的身体感到

我的心里感到

命名：

我把这种感受叫作

上一次我有这种感受是在　　　　　　时候，当时我觉得它是一种　　　　　情绪。

评估：

这种感受让我觉得

这种感受会带给他人

表达：

面对这种感受，我特别想（做什么）

通过阅读本书，我觉得正确的表达方式是

练习十九　关于情绪表达的身心练习

首先，呼吸——关闭向外的能量释放，去体会你内心最柔软的部分；

然后，去感觉自己——自己的身体、心灵、情绪，以及情绪底层的情感；

接下来，触摸一下自己——感谢自己获得了如此珍贵的生命；

最后，将感情投注给自己——比如自己此刻最想要的温柔、爱、怜惜和鼓励。尝试自我的情感满足，特别是童年未被满足的情感，现在都可自给自足了……

练习二十　感恩内部言语

亲爱的妈妈 / 爸爸 / 弟弟 / 妹妹 / 姑姑 / 姨妈……，

感谢你出现在我的生命中。

以前我不理解你做的事情，

现在我理解了。

我尊重你的决定，我也看到了你可以给我的支持和爱。

你那么温柔 / 坚强 / 勇敢 / 隐忍……，

这是你让我看到和拿到的生命资源。

以后，我会带着你的祝福往前走。

我要成为一个　　　　　　的人。

我会带着你的祝福，完成我的生命使命。

谢谢你！

练习二十一　做你的内在父母

当你的脑海中出现自我批评的声音时，试着用下面的语言来回应。

1. 结果并不是很重要，只要努力就好。

2. 失败也没关系，我已经很用心了。

3. 别人的评价没那么重要，我自己的感受才是最重要的。

4. 别人不在乎我也没关系，我要在乎自己。

5. 我是值得被爱的。

6. 我看得到自己的付出，我为自己骄傲。

7. 我会好好为自己加油。

心灵札记

练习二十二　信念转化

面对无助的信念，你可以启动如下转化语：

1. 我可以自助，同时邀请其他人帮助我，我也可以帮助到他人。

心灵札记

面对无望的信念，你可以启动如下转化语：

1. 我的人生充满希望，任何事情都充满了可能性。

心灵札记

面对无价值的信念，你可以启动如下转化语：

1. 我是值得的，每个人都是值得的，我有资格获得成功和快乐。

心灵札记

面对无能为力的信念，你可以启动如下转化语：

1. 我有能力创造目标，我有能力创造一切可能性。

心灵札记

练习二十三　未来的我

面对未来，你有什么目标？通过如下问题，你可以拥有更具象的未来。

1. 写下关于“未来的自己”的故事设想。

2. 用十分明确的语言写下自己实现未来的行动。比如未来 3 年或 5 年内，你要做的具体事情。

3. 写下为实现这个目标，你能够调用的资源。

4. 写下现在可以做的行动方案。

练习二十四　我的生命真相

结合重建人生剧本未来图，在四个维度上具体思考，回答如下问题，形成属于你自己的关于生命真相的答案。

新信念	**新自我**	**新行动**	**新象限**	**新未来**
有能力	创造者	合作	高自我价值感	↑
有价值	自我支持	自助/互助	积极目标导向	
有望	自我负责	学习		
有助	自爱者			
无助	拯救者			↓
无望	承担者	攻击与自我攻击		
无价值	受害者	拒绝成长	低自我价值感	
无能为力	心灵流浪者	负面内心对话	消极目标导向	
限制性信念	**无效剧本**	**强迫性重复**	**负象限**	**旧过去**

1. 关于“新信念”，我需要做的工作是：

2. 关于“新自我”，我需要做的工作是：

3. 关于“新行动”，我需要做的工作是：

4. 关于“新象限”，我需要做的工作是：

关于生命的真相，徐秋秋这样说：

真相 1. 每个人未来的样子都是由现在内心的状态刻画出来的。

真相 2. 冻结的画面是创伤，流动的画面是疗愈。

真相 3. 外在的成长是内在成长的表达。

真相 4. 7 岁之后没有新鲜事。

真相 5. 你活出来的样子，一定是你心里一直想要的那个样子！

真相 6. 人最大的本能，就是回到熟悉的感觉里！我们太习惯熟悉的东西，即使是痛苦的、不安全的，我们也要回去。

真相 7. 事实是最有力量的催眠，我们被故事催眠太久了，现在需要换个故事版本催眠。

真相 8. 表达是最好的清理，保守秘密是最大的内耗。

真相 9. 人的核心动力不是被爱，而是去爱。

真相 10. 我们都是被感觉操控的。

关于生命的真相，你有什么想说的吗？

真相 1.

真相 2.

真相 3.

真相 4.

真相 5.